Matthias Fiedler

Naujoviška nekilnojamojo turto parinkimo idėja: lengvas būdas tarpininkauti nekilnojamojo turto srityje

Nekilnojamojo turto parinkimas: efektyviai veikiantis, paprastas ir profesionalus tarpininkavimas nekilnojamojo turto srityje įdiegus naujovišką nekilnojamojo turto parinkimo portalą

Duomenys

1-asis išspausdintos knygos leidimas | 2017 m. vasario mėn.
(Anksčiau išleista vokiečių k. 2016 m. gruodžio mėn.)

© 2016 Matthias Fiedler

Matthias Fiedler
Erika-von-Brockdorff-Str. 19
41352 Korschenbroich
Vokietija
www.matthiasfiedler.net

Gamyba ir leidyba:
žr. spaudą paskutiniame lape

Viršelio struktūra: Matthias Fiedler
Šios elektroninės knygos sukūrimas: Matthias Fiedler

ISBN-13 (knyga minkštu viršeliu): 978-3-947128-18-1
ISBN-13 (elektroninė knyga „mobi“formatu): 978-3-947128-19-8
ISBN-13 (elektroninė knyga „ePub“formatu): 978-3-947128-20-4

Vokietijos nacionalinės bibliotekos bibliografinė informacija:
Vokietijos nacionalinė biblioteka šią publikaciją įtraukė į
Vokietijos nacionalinės bibliografijos sąrašą; išsamesni
bibliografiniai duomenys pateikti internete adresu http://dnb.d-
nb.de.

TURINYS

Šioje knygoje aprašyta revoliucinė visame pasaulyje veiksiančios nekilnojamojo turto parinkimo portalo koncepcija (taikomoji programa) su apskaičiuotu reikšmingu apyvartos potencialu (kalbama apie milijardus eurų), kuri bus integruojama į nekilnojamojo turto tarpininkams skirtą programinę ir nekilnojamojo turto vertinimo įrangą (apyvartos potencialias – bilijonai eurų).

Naudojant šią koncepciją bus galima efektyviai ir taupant laiką per tarpininkus tvarkyti asmeninį arba nuomojamą gyvenamosios ir komercinės paskirties nekilnojamąjį turtą. Tai yra naujoviško ir profesionalaus nekilnojamojo turto tvarkymo per tarpininkus ateitis visiems nekilnojamojo turto tarpininkams ir nekilnojamojo turto interesantams. Nekilnojamojo turto parinkimo sistema veikia beveik visose šalyse ir netgi tarpvalstybiniu lygiu.

Nekilnojamojo turto parinkimo portale nekilnojamasis turtas interesantams nepristatomas, nes čia interesantai suklasifikuojami (pagal paieškos profilį) ir paskui palyginami ir susiejami su nekilnojamojo turto tarpininkų siūlomu nekilnojamuoju turtu.

TURINYS

ĮŽANGA

2011 m. aš sugalvojau ir išplėtojau čia aprašytą naujovišką nekilnojamojo turto parinkimo idėją.

Nekilnojamojo turto rinkoje aš dirbu nuo 1998 m. ir užsiimu tarpininkavimu įsigyjant nekilnojamąjį turtą, jo vertinimu, nuoma bei kompleksų vystymu. Taip pat aš esu nekilnojamojo turto ekspertas (IHK), diplomuotas nekilnojamojo turto ekonomistas (ADI) ir nekilnojamojo turto vertinimo specialistas (DEKRA) bei tarptautiniu mastu pripažintos nekilnojamojo turto organizacijos „Royal Institution of Chartered Surveyors "(MRICS) narys.

Matthias Fiedler
Koršenbroichas, 2016-10-31
www.matthiasfiedler.net

1. Naujoviško nekilnojamojo turto parinkimo idėja: lengvas būdas tarpininkauti nekilnojamojo turto srityje

Nekilnojamojo turto parinkimas: efektyviai veikiantis, paprastas ir profesionalus tarpininkavimas nekilnojamojo turto srityje įdiegus naujovišką nekilnojamojo turto parinkimo portalą

Nekilnojamojo turto parinkimo portale (taikomojoje programoje) nekilnojamasis turtas interesantams nepristatomas, nes čia interesantai suklasifikuojami (pagal paieškos profilį) ir paskui palyginami ir susiejami su nekilnojamojo turto tarpininkų siūlomu nekilnojamuoju turtu.

2. Nekilnojamojo turto interesantų ir nekilnojamojo turto paslaugų teikėjų tikslai

Nekilnojamojo turto pardavėjui ir nuomotojui labai svarbu nekilnojamąjį turtą parduoti arba išnuomoti greitai ir už kuo didesnę kainą.

Pirkėjui ir nuomininkui svarbiausia rasti lūkesčius atitinkantį nekilnojamąjį turtą ir greitai bei be problemų jį įsigyti arba išsinuomoti.

3. Anksčiau naudoti nekilnojamojo turto paieškos darbo metodai

Interesantai nekilnojamojo turto norimame regione dažniausiai ieško didžiausiuose internetiniuose nekilnojamojo turto portaluose. Čia jie gali sukurti trumpą paieškos profilį ir nustatyti, kad nekilnojamojo turto pasiūlymai bei sąrašai su atitinkamomis nuorodomis į nekilnojamąjį turtą būtų atsiųsti el. paštu. Dažniausiai ieškoma 2–3 nekilnojamojo turto portaluose. Galiausiai su paslaugų teikėju susisiekiama el. paštu. Tuomet paslaugų teikėjui suteikiama galimybė ir leidimas susisiekti su interesantais.

Interesantai papildomai susisiekia su jų norimame regione dirbančiais nekilnojamojo turto tarpininkais ir nurodo atitinkamą paieškos profilį.

Nekilnojamojo turto portaluose pateikiami asmeniniai ir komerciniai nekilnojamojo turto pasiūlymai. Komercinius pasiūlymus dažniausiai pateikia nekilnojamojo turto tarpininkai, dalis statybos įmonių, nekilnojamojo turto pardavėjų ir kitos nekilnojamojo turto įmonės (tekste komerciniai paslaugų teikėjai vadinami nekilnojamojo turto tarpininkais).

4. Privačių paslaugų teikėjų trūkumai / nekilnojamojo turto tarpininkų privalumai

Parduodamas nekilnojamąjį turtą privatus pardavėjas negali būti tikras, jis turimą turtą parduos greitai, nes, pavyzdžiui, parduodant paveldėtą nekilnojamąjį turtą, dėl jo niekaip negali susitarti paveldėtojai arba nėra paveldėjimo teisės liudijimo. Pardavimą gali apsunkinti ir neišaiškinti teisiniai klausimai, pavyzdžiui, dėl teisės gyventi bute.

Nuomojant nekilnojamąjį turtą gali nutikti taip, kad privatus nuomotojas nebus gavęs oficialių patvirtinimų, pavyzdžiui, jei komercinis nekilnojamasis turtas (plotas) turi būti nuomojamas kaip butas.

Jei nekilnojamojo turto tarpininkas dirba kaip paslaugos teikėjas, jis anksčiau minėtus aspektus dažniausiai būna išsiaiškinęs. Be to, jis dažniausiai būna parengęs ir visus susijusius nekilnojamojo turto dokumentus (objekto išdėstymo planą, vietovės planą, energinio naudingumo sertifikatą, žemės knygą, oficialius dokumentus ir t. t.). –Todėl turtą galima parduoti ir išnomuoti greitai ir be trukdžių.

5. Nekilnojamojo turto parinkimas

Kad interesantams, pardavėjui arba nuomotojui objektas būtų parinktas greitai ir efektyviai, iš esmės labai svarbu pasiūlyti sistematizuotą ir profesionalų veikimo principą.

Šiuo atveju nekilnojamojo turto tarpininko ir interesanto paieškos ir radimo veiksmų sekos ir eiga yra atvirkštinės. Vadinasi, nekilnojamojo turto parinkimo portale (taikomojoje programoje) nekilnojamasis turtas interesantams nepristatomas, nes čia interesantai suklasifikuojami (pagal paieškos profilį) ir paskui palyginami ir susiejami su nekilnojamojo turto tarpininkų siūlomu nekilnojamuoju turtu.

Pirmajame etape interesantai nekilnojamojo turto parinkimo portale sukuria konkretų paieškos profilį. Šiame profilyje yra maždaug 20 požymių.

Paieškos profiliui svarbiausi toliau nurodyti požymiai (pateiktas sąrašas nėra išsamus).

- Regionas / pašto kodas / miestas
- Objekto rūšis
- Sklypo dydis
- Gyvenamasis plotas
- Pirkimo / nuomos kaina
- Pastatymo metai
- Aukštų skaičius
- Kambarių skaičius
- Išnuomota (taip / ne)
- Rūsys (taip / ne)
- Balkonas / terasa (taip / ne)
- Šildymo būdas
- Automobilių stovėjimo aikštelė (taip / ne)

Svarbu, kad požymių nereikia įvesti patiems, o jie parenkami spustelint ir atveriant atitinkamo požymio laukelį (pvz., objekto rūšies) bei pasirenkant iš sąrašo su nurodytomis galimybėmis / parinktimis (pvz., renkantis objektą: butas, namas vienai šeimai, sandėlis, biuras...).

Interesantai pasirinktinai gali sukurti ir kitų paieškos profilių. Paieškos profilį galima ir pakeisti.

Interesantai nurodytuose laukeliuose turi papildomai įvesti išsamius kontaktinius duomenis. Tai yra pavardė, vardas, gatvė, namo numeris, pašto kodas, miestas, telefono numeris ir el. pašto adresas.

Pateikdami šiuos duomenis interesantai suteikia leidimą su jais susisiekti ir iš nekilnojamojo turto tarpininkų puslapių siųsti tinkamus nekilnojamojo turto pasiūlymus (apžvalgas).

Be to, interesantai su nekilnojamojo turto parinkimo portalo savininku sudaro sutartį.

Tolesniame etape programavimo sąsajoje (API – „Application Programming Interface") –galima palyginti su Vokietijoje naudojama programavimo sąsaja „openimmo – "įvestų paieškos profilių nekilnojamojo turto tarpininkai dar nemato. Reikia pažymėti, kad šioje programavimo sąsajoje, kurią galima pavadinti įgyvendinimo priemone, turi būti įmanoma pritaikyti beveik kiekvieną praktikoje naudojamą nekilnojamojo turto programinę įrangą bei užtikrinti paieškos profilių perdavimą. Jei taip nėra, būtina imtis atitinkamų techninių priemonių. –Kadangi tokių ir panašių programavimo sąsajų, pavyzdžiui, anksčiau minėta programavimo sąsaja „openimmo", jau yra, paieškos profilius perduoti turi būti įmanoma.

Tuomet nekilnojamojo turto tarpininkai savo siūlomą nekilnojamąjį turtą palygina su paieškos profiliais. Tam nekilnojamasis turtas įrašomas į nekilnojamojo turto parinkimo portalą, o atitinkami požymiai palyginami ir susiejami.

Sėkmingai pasibaigus palyginimo procesui pateikiami atitikmenys ir jų atitikimas procentais.

–Jei parinktis atitinka 50 %, paieškos profiliai rodomi nekilnojamojo turto tarpininko programinėje įrangoje.

Atskiri požymiai įvertinami tarpusavyje (pagal taškų sistemą), todėl palyginus požymius galima pateikti parinkties atitikimo procentą (nurodyti sutapimo tikimybę). –Pavyzdžiui, požymio „Objekto rūšis "prioritetas yra didesnis už požymio „Gyvenamasis plotas". Papildomai buvo galima pasirinkti kitų požymių (pvz., rūsys), kurie turi būti šiame nekilnojamame turte.

Kai norint nustatyti atitiktį vyksta požymių palyginimas, reikėtų nurodyti, kad nekilnojamojo turto tarpininkai atitikmenų ieškotų tik Jūsų pageidaujamuose (nurodytuose) regionuose. Tuomet duomenys bus palyginti greičiau. Be to, nekilnojamojo turto tarpininkai dažnai dirba tam tikruose regionuose. –Būtina pažymėti, kad naudojant debesiją (angl. „Cloud") šiandien galima išsaugoti ir apdoroti didelius duomenų kiekius.

Kad būtų galima užtikrinti profesionalias tarpininkavimo nekilnojamojo turto srityje paslaugas, paieškos profilius gali peržiūrėti tik nekilnojamojo turto tarpininkai.

Tam nekilnojamojo turto tarpininkai su nekilnojamojo turto parinkimo portalo savininku sudaro sutartį.

Pasibaigus atitinkamam palyginimo / atitikmenų paieškos procesui nekilnojamojo turto tarpininkai gali susisiekti su interesantais ir atvirkščiai – interesantai su nekilnojamojo turto tarpininkais. Vadinasi, kai nekilnojamojo turto tarpininkai interesantams nusiunčia peržiūras, išrašomas atliktą darbą patvirtinantis dokumentas, o pardavus arba išnuomojus nekilnojamojo turto tarpininkas turi teisę gauti komisinius.

Prieš tai savininkas (pardavėjas arba nuomotojas) nekilnojamojo turto tarpininkui turi būti pateikęs užsakymą dėl tarpininkavimo paslaugų arba leidimą siūlyti nekilnojamąjį turtą.

6. Pritaikymo sritys

Čia aprašytas nekilnojamojo turto atitikmenų parinkimo būdas taikomas perkamam ir nuomojamam nekilnojamajam turtui butų ir komercinių patalpų sektoriuje. Kalbant apie komercinį nekilnojamąjį turtą, reikia nurodyti papildomų nekilnojamojo turto požymių.

Interesantų puslapyje gali užsiregistruoti ir nekilnojamojo turto tarpininkas, kaip tai yra įprasta praktikoje, jei jis, pavyzdžiui, nori įvykdyti kliento pateiktą užsakymą.

Erdviniu požiūriu nekilnojamojo turto parinkimo portalas gali veikti beveik visose šalyse.

7. Privalumai

Toks nekilnojamojo turto atitikmenų paieškos būdas suteikia daug privalumų interesantams, jei jie nekilnojamojo turto ieško, pavyzdžiui, savo regione (gyvenamojoje vietoje) arba pakeitę darbą nori persikelti į kitą miestą (regioną).

Jie turi tik vieną kartą sukurti paieškos profilį ir norimame regione dirbantys nekilnojamojo turto tarpininkai atsiųs tinkamų nekilnojamojo turto pasiūlymų.

Nekilnojamojo turto tarpininkams šis portalas yra didelis privalumas, nes padeda efektyviai parduoti arba išnuomoti taupant laiką.

Jiems tiesiogiai pateikiama apžvalga, kiek konkrečiai interesantų susidomėjo jų siūlomu nekilnojamuoju turtu.

Be to, nekilnojamojo turto tarpininkas gali tiesiogiai susisiekti su tiksline interesantų grupe, kuri kurdama paieškos profilį pateikė konkrečias mintis apie pageidaujamą nekilnojamąjį turtą (taip pat nurodė atsiųsti nekilnojamojo turto peržiūras).

Taip užmezgamas kokybiškesnis kontaktas su interesantais, kurie tiksliai žino, ko ieško. Sumažėja ir susitikimų, kurių metų nekilnojamasis turtas apžiūrimas. –Taip pat sutrumpėja bendras siūlomo nekilnojamojo turto buvimo rinkoje laikas.

Interesantui apžiūrėjus siūlomą nekilnojamąjį turtą dažniausiai sudaroma pirkimo arba nuomos sutartis.

8. Apskaičiavimo pavyzdys (potencialas) – tik savininkams priklausantys butai ir namai (neįtraukiami išnuomoti butai ir namai bei komercinis nekilnojamasis turtas)

Remiantis toliau pateiktu pavyzdžiu tampa aišku, kokį potencialą turi šis nekilnojamojo turto parinkimo portalas.

250 000 gyventojų turinčioje gyvenamojoje srityje, pavyzdžiui, Mionchengladbacho miestas, statistiškai paskaičiavus yra 125 000 namų ūkių (2 gyventojai kiekviename). Vidutinis persikraustymo koeficientas yra 10 %. Todėl per metus persikrausto 12 500 namų ūkių. – Skaičiuojant nebuvo atsižvelgta į likutį, kuris persikraustė į Mionchengladbachą ir iš jo išsikraustė. –Iš jų maždaug 10 000 namų ūkių (80 %) ieško nekilnojamojo turto išsinuomoti ir

maždaug 2 500 namų ūkių (20 %) nekilnojamojo turto įsigyti.

Remiantis Mionchengladbacho ekspertų komisijos nekilnojamojo turto rinkos ataskaita, 2012 m. buvo nupirkta 2 613 nekilnojamojo turto vienetų. –Tai patvirtina anksčiau minėtą interesantų skaičių –2 500. Faktiškai jų bus daugiau, nes ne kiekvienas interesantas ras jam tinkamą nekilnojamąjį turtą. Skaičiuojant apytiksliai, faktinis interesantų skaičius ir konkretus paieškos profilius skaičius bus dvigubai didesnis, nei vidutinis, maždaug 10 % siekiantis persikraustymo koeficientas. Vadinasi, bus sukurta 25 000 paieškos profilių. Turima omenyje ir tai, kad interesantai nekilnojamojo turto parinkimo portale gali sukurti kelis paieškos profilius.

Dar reikia paminėti, kad iki šiol maždaug pusė visų interesantų (pirkėjų ir nuomotojų) savo nekilnojamąjį turtą rado per nekilnojamojo turto tarpininkus. Tai yra 6 250 namų ūkių.

Remiantis patirtimi, bent 70 % visų namų ūkių nekilnojamojo turto ieškojo internete esančiuose nekilnojamojo turto portaluose. Iš viso tai buvo 8 750 namų ūkių (tai atitinka 17 500 paieškos profilių).

Jei 30 % visų interesantų, tai yra 3 750 namų ūkių (tai atitinka 7 500 paieškos profilių), tokiame mieste kaip Mionchengladbachas savo paieškos profilį sukurtų nekilnojamojo turto parinkimo portale (taikomojoje programoje), prisijungę nekilnojamojo turto tarpininkai per metus tinkamus nekilnojamojo turto pasiūlymus galėtų pateikti pagal 1 500 konkrečių norinčių pirkti interesantų paieškos profilių (20 %) ir pagal 6 000 konkrečių norinčių nuomotis interesantų paieškos profilių (80 %).

Vadinasi, vidutiniškai per 10 mėnesių trunkantį paieškos laikotarpį ir iš interesanto už kiekvieną sukurtą paieškos profilį gaunant, pavyzdžiui, 50 € per mėnesį, susidaro 7 500 paieškos profilių ir pasiekiama 3 750 000 € apyvarta per metus mieste, kuriame gyvena 250 000 gyventojų.

Skaičiuojant Vokietijos Federacijos Respublikos mastu ir gyventojų skaičių suapvalinus iki 80 000 000 (80 mln.), apyvartos potencialas per metus būtų 1 200 000 000 € (1,2 mlrd. €). –Jei nekilnojamojo turto per nekilnojamojo turto parinkimo portalą ieškotų ne 30 %, o, pavyzdžiui, 40 % visų interesantų, apyvarta padidėtų iki 1 600 000 000 € (1,6 mlrd. €) per metus.

Šis apyvartos potencialas buvo apskaičiuotas įtraukus tik nuosavus butus ir namus. Į šį potencialo apskaičiavimą nebuvo įtrauktas nuomojamas ir investicinis nekilnojamasis turtas iš gyvenamojo nekilnojamojo turto sektoriaus ir visas komercinio nekilnojamojo turto sektorius.

Vokietijoje nekilnojamojo turto tarpininkavimo paslaugų srityje dirba maždaug 50 000 įmonių (įskaitant dalyvaujančias statybų įmones, nekilnojamojo turto pardavėjus ir kitas nekilnojamojo turto įmones), o jose įdarbinta maždaug 200 000 asmenų. Jei maždaug 20 % iš 50 000 įmonių šiame nekilnojamojo turto parinkimo portale naudotų vidutiniškai 2 licencijas, kurių viena per mėnesį kainuotų, sakykim, 300 €, tuomet apyvartos potencialas būtų 72 000 000 € (72 mln. €) per metus. Atsižvelgiant į tai, reikėtų vesti regioninę paieškos profilių apskaitą, nes, atsižvelgiant į struktūrą, čia galima sukurti dar vieną didelį apyvartos potencialą.

Kadangi interesantų su konkrečiais paieškos profiliais potencialas būtų labai didelis, nekilnojamojo turto tarpininkams nereikėtų nuolat atnaujinti interesantų duomenų bazės, jei jie tokią turi. Labai tikėtina, kad dabartinis paieškos profilių skaičius viršys daugelio nekilnojamojo turto tarpininkų duomenų bazėse sukurtų paieškos profilių skaičių.

Jei šis naujoviškas nekilnojamojo turto parinkimo portalas būtų pradėtas naudoti daugelyje šalių, tuomet, pavyzdžiui, interesantai iš Vokietijos galėtų susikurti atostogų apartamentų Viduržemio jūros saloje Maljorkoje (Ispanija) paieškos profilį, o Maljorkoje prisijungę nekilnojamojo turto tarpininkai Vokietijoje gyvenantiems interesantams galėtų el. paštu atsiųsti tinkamų apartamentų pristatymą. –Jei atsiųsti pristatymai būtų parašyti ispanų kalba, interesantai šiuos tekstus galėtų greitai išsiversti pasinaudodami internetinėmis vertimo programomis.

Kad paieškos profilių parinkimas ir informacija apie siūlomą nekilnojamąjį turtą būtų suprantama įvairiomis kalbomis, nekilnojamojo turto parinkimo portale atitinkami požymiai gali būti palyginti pagal užprogramuotus (matematinius) požymius (neatsižvelgiant į kalbą). o vėliau atitinkama kalba bus priskirta.

Nekilnojamojo turto parinkimo portalą naudojant visuose žemynuose, anksčiau minėtą apyvartos potencialą (skaičiuojant tik nekilnojamojo turto ieškančius asmenis) labai paprasta perskaičiuoti.

Gyventojų pasaulyje skaičius:
7 500 000 000 (7,5 mlrd.) gyventojų

1. Gyventojų skaičius pramonės šalyse ir tam tikro lygio pramonės šalyse:
2 000 000 000 (2,0 mlrd.) gyventojų

2. Gyventojų skaičius besiformuojančios ekonomikos šalyse:

4 000 000 000 (4,0 mlrd.) gyventojų

3. Gyventojų skaičius besivystančiose šalyse:

1 500 000 000 (1,5 mlrd.) gyventojų

Vokietijos Federacinėje Respublikoje, kurioje yra 80 mln. gyventojų, metinis apyvartos potencialas yra 1,2 mlrd. € ir jis didės prijungus pramonės, besiformuojančios ekonomikos ir besivystančias šalis.

1. Pramonės šalys: 1,0

2. Besivystančios ekonomikos šalys: 0,4

3. Besivystančios šalys: 0,1

Gaunamas toks metinis apyvartos potencialas (1,2 mlrd. € x gyventojų skaičius (pramonės, besivystančios ekonomikos arba besivystančiose šalyse) / 80 mln. gyventojų x veiksnys).

1. Pramonės šalys: 30,00 mlrd. €

2. Besivystančios
ekonomikos šalys: 24,00 mlrd. €

3. Besivystančios šalys: 2,25 mlrd. €

Iš viso: **56,25 mlrd. €**

9. Išvada

Aprašytasis nekilnojamojo turto parinkimo portalas ieškantiems nekilnojamojo turto (interesantams) ir nekilnojamojo turto tarpininkams teikia reikšmingų privalumų.

1. Interesantai jiems tinkamą nekilnojamąjį turtą suranda daug greičiau, nes jie savo paieškos profilį sukuria tik vieną kartą.
2. Nekilnojamojo turto tarpininkai gauna bendrąją apžvalgą, kurioje mato konkrečių pageidavimų turinčių (pagal paieškos profilį) interesantų skaičių.
3. Visi nekilnojamojo turto tarpininkai interesantams pateikia tik pageidaujamo ir tinkamo (atitinkančio paieškos profilį) nekilnojamojo turto pasiūlymus (veikia lyg automatinė išankstinio parinkimo funkcija).

4. Nekilnojamojo turto tarpininkai užtrunka mažiau laiko tvarkydami individualią paieškos profilių duomenų bazę, nes iš karto gali naudoti didelį naujausių paieškos profilių skaičių.

5. Kadangi prie nekilnojamojo turto parinkimo portalo prijungiami tik komerciniai paslaugų teikėjai / nekilnojamojo turto tarpininkai, interesantai bendrauja su profesionaliais ir dažniausiai patyrusiais nekilnojamojo turto tarpininkais.

6. Nekilnojamojo turto tarpininkai turi organizuoti mažiau susitikimų nekilnojamajam turtui apžiūrėti ir sutrumpėja nekilnojamojo turto buvimo rinkoje trukmė. Interesantams taip pat nereikia apžiūrėti daug siūlomo nekilnojamojo turto variantų ir pirkimo

arba nuomos sutartis pasirašoma daug greičiau.

7. Taip laiko sutaupo ir parduodamo bei nuomojamo nekilnojamojo turto savininkai. Lieka mažiau neišnuomoto nekilnojamojo turto, o už nupirktą nekilnojamąjį turtą pinigai sumokami greičiau, nes išnuomojimo ir pardavimo procedūros vyksta greičiau, todėl galima kalbėti ir apie finansinę naudą.

Šios nekilnojamojo turto parinkimo idėjos įgyvendinimas ir pritaikymas reikštų didelę pažangą nekilnojamojo turto tarpininkavimo srityje.

10. Nekilnojamojo turto parinkimo portalo integravimas į naująją nekilnojamojo turto tarpininkams skirtą programinę bei vertinimo įrangą

Visiškam tobulumui pasiekti čia aprašytas nekilnojamojo turto parinkimo portalas galėtų ir privalėtų būti svarbiausia nekilnojamojo turto programinės įrangos –geriausia naudojamos visame pasaulyje –dalis. Vadinasi, nekilnojamojo turto tarpininkai šį nekilnojamojo turto parinkimo portalą galėtų papildomai integruoti į savo nekilnojamojo turto programinę įrangą, o idealiausia būtų, jei jie naudotų naująją nekilnojamojo turto parinkimo programinę įrangą jau su nekilnojamojo turto parinkimo portalu.

Šį efektyviai veikiantį ir naujovišką nekilnojamojo turto parinkimo portalą integravus į turimą nekilnojamojo turto programinę įrangą bus sukurta unikali nekilnojamojo turto programinė įranga, kuri užtikrins reikšmingą proveržį į rinką.

Kadangi tarpininkaujant nekilnojamojo turto srityje nekilnojamojo turto vertinimas visada yra ir liks svarbi sudedamoji dalis, į nekilnojamojo turto programinę įrangą būtina integruoti ir nekilnojamojo turto vertinimo įrankį. Nekilnojamojo turto vertinimo įrankis su atitinkamais skaičiavimo metodais susiejimo būdu gali naudoti nekilnojamojo turto tarpininko įvesto / sukurto nekilnojamojo turto susijusius duomenis / parametrus. Jei reikia, nekilnojamojo turto tarpininkas trūkstamus parametrus įveda atlikęs regiono rinkos analizę.

Be to, turėtų būti įmanoma nekilnojamojo turto programinėje įrangoje integruoti vadinamuosius siūlomo nekilnojamojo turto virtualiuosius turus. Tai galėtų būti įgyvendinta supaprastintai, pavyzdžiui, sukūrus papildomą taikomąją programą mobiliesiems telefonams ir (arba) planšetėms. Įrašytas virtualusis nekilnojamojo turto turas būtų automatiškai perkeltas ir integruotas į nekilnojamojo turto programinę įrangą.

Kai efektyviai naudojamas, naujoviškas nekilnojamojo turto parinkimo portalas kartu su nekilnojamojo turto vertinimo įrankiu bus integruotas į naująją nekilnojamojo turto programinę įrangą, dar kartą ženkliai padidės galimas apyvartos potencialas.

Matthias Fiedler
Koršenbroichas, 2016-10-31

Matthias Fiedler
Erika-von-Brockdorff-Str. 19
41352 Korschenbroich
Vokietija
www.matthiasfiedler.net

www.ingramcontent.com/pod-product-compliance
Lightning Source LLC
Chambersburg PA
CBHW071529210326
41597CB00018B/2941